Meine Kindergebete

Mit Bildern von Ida Bohatta

ars**E**dition

Inhaltsverzeichnis

Wie fröhlich bin ich aufgewacht	8	Gib uns unser täglich Brot	26
In Gottes Namen steh ich auf	10	Kein Tierlein ist auf Erden	28
Gib uns Freude jeden Tag	12	Lieber Gott, du lädst mich ein	30
Die Schnecke hat ihr Haus	14	Wo ich gehe, wo ich stehe	32
Was nah ist und was ferne	16	Lieber Gott, mach mich fromm	34
Jedes Tierlein hat sein Essen	18	Es deckt der Herr zur Wintersruh	36
Ob in Sonne oder Regen	20	Die Blumen und Vögel	38
Wer hat die Sonne denn gemacht	22	Müde bin ich, geh zur Ruh	40
O du liebes Jesuskind	24	So ein schöner Tag war heute	42

Wie fröhlich bin ich aufgewacht

Wie fröhlich bin ich aufgewacht,
wie hab ich geschlafen so sanft die Nacht,
hab Dank, im Himmel, Gott Vater mein,
dass du hast wollen bei mir sein.
Behüte mich auch diesen Tag,
dass mir kein Leid geschehen mag.

In Gottes Namen steh ich auf

In Gottes Namen steh ich auf,
Herr Jesus, leite meinen Lauf,
begleite mich mit deinem Segen,
behüte mich auf allen Wegen.

Gib uns Freude jeden Tag

Gib uns Freude jeden Tag.
Lass uns nicht allein.
Für die kleinsten Freundlichkeiten
lass uns dankbar sein.
Denn du, unser Gott,
nimmst uns alle bei der Hand.
Lass uns nicht allein.

Die Schnecke hat ihr Haus

Die Schnecke hat ihr Haus,
Fellchen hat die Maus,
der Sperling hat die Federn fein,
der Falter schöne Flügelein.
Nun sage mir, was hast denn du?
Ich habe Kleider und auch Schuh
und Vater und Mutter
und Lust und Leben –
das hat mir der liebe Gott gegeben.

Wilhelm Hey

Was nah ist und was ferne

Was nah ist und was ferne,
von Gott kommt alles her,
der Strohhalm und die Sterne,
das Sandkorn und das Meer.

Von ihm sind Büsch und Blätter
und Korn und Obst, von ihm
das schöne Frühlingswetter
und Schnee und Ungestüm.

Matthias Claudius

Jedes Tierlein hat sein Essen

Jedes Tierlein hat sein Essen,
jedes Blümlein trinkt von dir.
Hast auch unser nicht vergessen.
Lieber Gott, wir danken dir.

Ob in Sonne oder Regen

Ob in Sonne oder Regen,
überall ist Gottes Segen.
Auch in Blumen, Bäumen, Tieren
kann ich seine Kräfte spüren.

In den Farben dieser Erde,
überall und wunderschön,
seh ich seine Sonne leuchten,
kann ich Gottes Liebe sehn.

Wer hat die Sonne denn gemacht

Wer hat die Sonne denn gemacht,
den Mond und all die Sterne?
Wer hat den Baum hervorgebracht,
die Blumen nah und ferne?
Wer schuf die Tiere groß und klein?
Wer gab auch mir das Leben?
Das tat der liebe Gott allein,
drum will ich Dank ihm geben.

O du liebes Jesuskind

O du liebes Jesuskind,
lass dich vielmals grüßen!
Alle Kinder, die hier sind,
fallen dir zu Füßen.
All um deine Liebe bitten,
die so viel für uns gelitten.
Schenk uns deine Liebe.

Gib uns unser täglich Brot

Gib uns unser täglich Brot,
hilf allen Menschen in der Not.
Lass uns, Herr, beim Trinken, Essen
deiner Güte nicht vergessen.
Teil uns deine Liebe aus,
füll mit Frieden Herz und Haus.

Kein Tierlein ist auf Erden

Kein Tierlein ist auf Erden
dir, lieber Gott, zu klein.
Du ließt sie alle werden
und alle sind sie dein.
Zu dir, zu dir
ruft Mensch und Tier.

Der Vogel dir singt,
das Fischchen dir springt,
die Biene dir summt,
der Käfer dir brummt,
auch pfeifet dir das Mäuslein klein:
Herr Gott, du sollst gelobet sein!

Clemens Brentano

Lieber Gott, du lädst mich ein

Lieber Gott, du lädst mich ein,
Gast an deinem Tisch zu sein.
Jeden Tag willst du uns geben,
was wir brauchen, um zu leben.

Wo ich gehe, wo ich stehe

Wo ich gehe, wo ich stehe,
bist du, lieber Gott, bei mir.
Wenn ich dich auch niemals sehe,
weiß ich sicher, du bist hier.

Lieber Gott, mach mich fromm

Lieber Gott, mach mich fromm,
dass ich in den Himmel komm.
Mein Herz ist klein,
kann niemand herein
außer dem lieben Jesulein.

Es deckt der Herr zur Wintersruh

Es deckt der Herr zur Wintersruh
so liebevoll die Blümlein zu
mit seinen eignen Händen.
Das soll dir stets ein Zeichen sein,
dass Gottes Lieb' dich nie verlässt,
sie schließt sogar die Blümlein ein,
denn sie kann niemals enden.

Ida Bohatta

Die Blumen und Vögel

Die Blumen und Vögel
sind längst schon zur Ruh,
jetzt mache auch ich
meine Augen gleich zu.
Ruhig schlaf ich, ruhig träum ich
die ganze Nacht,
weil droben im Himmel
mein Gott mich bewacht.

Müde bin ich, geh zur Ruh

Müde bin ich, geh zur Ruh,
schließe meine Augen zu.
Vater, lass die Augen dein
über meinem Bette sein.
Hab ich Unrecht heut getan,
sieh es, lieber Gott, nicht an.
Alle Menschen, groß und klein,
solln in deinem Schutze sein.

So ein schöner Tag war heute

So ein schöner Tag war heute,
lieber Gott, und so viel Freude
hast du wieder mir gemacht.
Dankbar sag ich Gute Nacht.

Ida Bohatta

Ida Bohatta ist seit Generationen eine der meistgelesenen Kinderbuch-IllustratorInnen und AutorInnen im deutschsprachigen Raum. Ungebrochen ist auch heute ihre Beliebtheit bei kleinen und großen Leserinnen und Lesern, wie die stete Nachfrage nach ihren über siebzig Büchlein Jahr für Jahr beweist. Zu Unrecht gehört »die Bohatta« zu jener Schar der KinderbuchmacherInnen, über die sich jede Illustrageschichte ausschweigt, deren Geschichten aber über alle Stile und Zeiten hinweg nicht nur Auflage um Auflage erleben, sondern bisher auch in viele Sprachen übersetzt wurden.

Am 15. April 1900 wurde Ida Bohatta in Wien geboren. Nach ersten Erfolgen mit Kinderbuchillustrationen entstand im Jahr 1927 die Verbindung zum Verlag Ars sacra, heute arsEdition GmbH.

Bild-, Postkartenserien, Fleißbildchen und die ersten Bilderbücher entstanden. Damit begann eine fruchtbare Zusammenarbeit, die bis zum Tode der Künstlerin am 14. November 1992 dauerte.

Bibliografische Information der Deutschen Nationalbibliothek

Die Deutsche Nationalbibliothek verzeichnet
diese Publikation in der Deutschen Nationalbibliografie;
detaillierte bibliografische Daten sind im Internet
über http://dnb.d-nb.de abrufbar.

Sollten trotz umfangreicher Recherchen
Rechteinhaber nicht ermittelt worden sein,
so bitten wir um Entschuldigung und um
Kontaktaufnahme mit dem Verlag.

© 2011 arsEdition GmbH, München
Alle Rechte vorbehalten
ISBN 978-3-7607-5309-6
Printed by Tien Wah Press

www.arsedition.de